Friedrich Weber
Fotos: Martin Stromann

Greetsiel

Ein Fischerort an der Nordsee

Soltau-Kurier-Norden

Inhalt

1. bis 5. Tausend

Layout: Hildegard Schlachter

Gesetzt aus der Palatino

Alle Rechte vorbehalten
© Soltau-Kurier-Norden

Druck und Gesamtherstellung:
Soltau-Kurier-Norden
Stellmacherstraße 14
26506 Norden

Printed in Germany

ISBN 3-928327-06-2

Der Autor:

Friedrich Weber
Von 1972 bis 1984 Vikar und Pastor in Greetsiel, heute Pfarrer und Propst der Propstei Süd-Nassau der Evangelischen Kirche in Hessen und Nassau in Wiesbaden.

Der Fotograf:

Martin Stromann
Bildredakteur beim Ostfriesland Magazin

Heimkehr der Greetsieler Fischfangflotte.

Vorwort

Nur die Giebelspitzen der Fischerhäuser ragen über die Krone des alten Deiches, der gern als Spazierweg genutzt wird.

Ein Besuch in Ostfriesland ohne Abstecher nach Greetsiel? Undenkbar! Greetsiel außer acht zu lassen, hieße viel zu versäumen: Die Atmosphäre im malerischen Hafen zum Beispiel, wo es nach Granat riecht, wo Bootsmotoren tuckern und Möwen schreien. Der Hafen ist Herz und Lebensnerv des Fischerortes, das Kommunikationszentrum für jung und alt, für Gäste und Einheimische.

In Greetsiel ist die Vergangenheit noch gegenwärtig. Der Ortskern, weitestgehend von Bausünden und von der Abbruchbirne verschont geblieben, konnte sich seine Ursprünglichkeit bewahren. Altes wurde gepflegt, was zu verfallen drohte, mit viel Liebe zum Detail restauriert. Hohe Bäume spenden Schatten, bunte Blumen blühen und ranken in Vorgärten und Hinterhöfen – und seien diese noch so klein.

Bei aller Liebe zur Vergangenheit ist man in Greetsiel Neuem gegenüber durchaus aufgeschlossen. Es gibt ein Veranstaltungsangebot, das sich sehen lassen kann, im Haus der Begegnung wird für Unterhaltung und Kurzweil gesorgt. Jährliche Großveranstaltungen wie die Greetsieler Woche, der Handwerkermarkt oder das Drachenfest ziehen jeweils Schaulustige in Scharen an. Greetsiel verfügt über eine vielseitige, bemerkenswerte Gastronomie, und das Angebot der Geschäfte läßt kaum Wünsche offen.

Friedrich Weber, der Autor des vorliegenden kleinen Bildbandes kennt sich aus im Fischerort: Er wirkte dort von 1972 bis 1984 als Seelsorger und hat sich intensiv mit Land und Leuten, mit Gegenwart und Vergangenheit Greetsiels beschäftigt. Begleiten Sie ihn auf dem folgenden Streifzug durch den Ort und seine Geschichte.

Hildegard Schlachter

Aber was war zuvor?

Wie das Fischerdorf Greetsiel entstand

Nicht weit vom heutigen Greetsiel, ein wenig landeinwärts nach Vis-
quard hin, liegt sie, die kleine Warften-
siedlung Appingen. Schon 800 nach
Christus ist sie auf einer Karte darge-
stellt. Von Greetsiel noch keine Rede,
vom Hafen, den Deichen noch nichts
zu sehen, nur Warften – Erdhügel, von
Menschenhand aufgeworfen, Schutz
bietend und doch immer wieder überflutet vom Hochwasser, dem Wechselspiel von Ebbe und Flut, Sturm und
Sturmflut ausgesetzt. Von hier begann
die Besiedlung des Küstenstreifens,
der Groden, die in der jüngeren
Escherflur liegen und die dem neuen
Ort später zu seinem Namen verhelfen
sollten: Greetsiel, das Siel in den Groden oder Gredern.

Aber was war zuvor? Wie mögen
die Menschen jener Zeit gelebt haben?
Vielleicht so wie im ältesten erhal-
tenen Bericht des Warftenlebens festgehal-
ten, dem des römischen Schriftstellers
Plinius, der auf seiner Reise 50 nach
Christus - aus dem sonnigen Süden in
den wahrscheinlich winterlichen Norden kommend – schreibt: *„Zweimal in
24 Stunden überflutet der weite Ozean
mit starker Brandung die Küste, so daß*

Sie erinnert an die Anfänge des Fischerdorfes: Die Marienkirche auf der westlichen Seite des Sieltiefes wurde um 1400 von Häuptling Haro Cirksena gestiftet.

man fast nicht sagen kann, ob man hier Land oder einen Teil des Meeres vor sich hat. Hier wohnt ein unglückliches Volk auf hohen Erdhügeln, die es nach den Erfahrungen der höchsten Flut mit den Händen aufgebaut hat. Zur Flutzeit gleichen sie Seefahrern, während der Ebbe dagegen Schiffbrüchigen. Um die Hütten herum machen sie Jagd auf die Fische, die mit dem Ebbstrom entfliehen wollen. Aus Reit und Binsen flechten sie Stricke für ihre Netze. Mit den Händen wühlen sie Schlamm aus, drücken ihn zusammen und trocknen ihn mehr im Wind als in der Sonne. Damit kochen sie ihr Essen und wärmen ihren Körper, wenn die Glieder vom kalten Nordwind starren. Ihr einziges Getränk ist Regenwasser, das sie in Gruben mit ihren Händen auffangen."

Dies ist sicherlich der Bericht eines Außenstehenden, eines von der Sonne und vom Luxus Verwöhnten, aber Wahrheitsgehalt hat er wohl auch. Mühsam war das Leben auf der Warft, gefährlich und immer wieder bedroht. Die Hügel mußten oft erhöht werden, niedrige Dämme schützten die Ländereien und Gärten. Erst in der zweiten Hälfte des 11. Jahrhunderts begannen die Menschen an der Küste die Ringdeiche um die Warften miteinander zu verbinden: Der Seedeich entstand. In einer Rechtssatzung des 12. Jahrhunderts heißt es:

„Das ist Landrecht, daß wir Friesen eine Seeburg zu stiften und zu stärken haben, einen goldenen Ring, der um ganz Ostfriesland liegt." Und in einer anderen Rechtssatzung aus derselben Zeit erfahren wir, daß sich ein Friese auf Kriegszügen nur so weit von zu Hause entfernen darf, daß er abends wieder zurück sein kann, um den Kampf mit dem Wasser aufzunehmen. Ob aus jener Zeit das hohe Freiheitsbewußtsein der Ostfriesen herrührt, jener Zeit der gemeinsamen Arbeit, die den Lebensraum nun endlich sicherer machte, ihn bewahren half, der Arbeit am goldenen Ring, dem Deich, der um Friesland liegt? Die immer drohende Gefahr und das Wissen, sie nur gemeinsam bestehen zu können, erlaubte keine starren Standesunterschiede. Der Besitz blieb zwar verschieden groß und die Bekleidung bestimmter Ämter war von seiner Größe abhängig, aber dem Gesetz gegenüber waren alle gleich und persönlich frei ohnehin. Nur in einem galt ein rigides Recht: Wer seinen Verpflichtungen zum Unterhalt des Deiches nicht nachkam, seine Deichstrecke nicht bauen oder unterhalten wollte, mußte drei Rasensoden aus dem Deich graben, seinen Spaten hineinstechen und mit seinem Eid versichern, daß es ihm nicht möglich sei, den Deich instand zu halten oder zu bauen. Daraufhin hatte er seinen Grund und Boden zu verlassen: *„De nich will dieken, mutt*

Schlicht und schön: der Innenraum der Marienkirche. Der Orgelprospekt soll aus dem ehemaligen Kloster Aland bei Wirdum stammen.

wieken". Die Verwandten wurden aufgefordert, den verlassenen Hof samt der Deichlast zu übernehmen, taten sie das nicht, fiel der Besitz an den, der den Spaten aus dem Deich zog. (Spatenrecht). Noch heute zahlen die Ostfriesen übrigens ihren Beitrag an die Deichacht und den Entwässerungsverband, wobei die Höhe von der Größe des Grundbesitzes abhängig ist.

Trotz dieses großen Werkes – eines Weltwunders gewiß – mußte noch so manche Warft oder Siedlung aufgegeben werden. Kultivierungsarbeit von Jahrzehnten, in einer Nacht Opfer der See. Und dann kam der Anstieg des Meeresspiegels seit 1000 nach Christus und die verheerenden Sturmfluten des 12. bis 14. Jahrhunderts. Noch schützte die Insel Bant, dem gefährdeten Küstenstreifen vorgelagert, die Deiche und die Siedlungen auf den Warften, als sie aber von den Sturmfluten zerschlagen wurde, brachen die Wasserfluten ungehindert in das Land ein. 20.000 Hektar Land verschlang die See, die Leybucht erreichte ihre größte Ausdehnung. 1377 drang die Dionysiusflut tief in das Norderland ein. Nordens Hafen, nun in hervorragender Lage, wurde bedeutend, und im Marienhafe des Jahres 1400 fanden die Vitalienbrüder mit ihren Schiffen Unterkunft und Schutz. Gegen Ende des 14. Jahrhunderts aber bekamen auch die Landrückgewinnungen eine neue Qualität. In dieser Zeit entsteht Greetsiel.

Den in Appingen lebenden Cirksenas war es gelungen, die Führerschaft in jener Gegend an sich zu reißen. Häuptlinge nannte man sie, also Adlige, die durch Besitz und richterliche Befugnis ausgezeichnet waren. Nun wollten sie ihren Sitz vom rückwärtigen Appingen auf den Landanwachs, die Grede, beim heutigen Greetsiel vorverlegen. Burg, Siel und Hafen entstanden. Um 1400 stiftete Haro Cirksena die Marienkirche auf der westlichen Seite des Sieltiefes, dort wo der Warenumschlag erfolgte. Zur Sicherung der Kirchstätte und der Ansiedlung bauten Haro und die Grundbesitzer einen Deich westlich des Hafens. Von Greetsiel aus gewannen die Cirksenas größte Bedeutung für Ostfriesland. In Appingen, zu dessen Lasten Greetsiel entstand, wurde 1436 ein Kloster der Karmeliter errichtet. Lange sollte es nicht blühen. Die Reformation brachte die Auflösung des Klosters und die Säkularisierung. Die Cirksenas waren wieder im Besitz der Ländereien.

Nur wenig erinnert heute noch an diese Anfänge Greetsiels: das Allianzwappen über der Kirchentür aus dem Jahr 1559, die Gesamtanlage des Hafens und die Anlage der Tiefs um den Ort, da und dort ein Stein in bürgerliche Häuser eingemauert, aber aus dem zweiten Greetsieler Burgbau der Cirksenas aus der Mitte des 14. Jahrhunderts stammend. Er wurde 1777 auf Anordnung Friedrichs des Großen nach dem Aussterben der Fürsten aus dem Haus Cirksena auf Abbruch verkauft. Der Standort des alten Siels, der Deichverlauf im Bereich des Hafens und die Kirche vermitteln eine Ahnung vom alten Greetsiel, alles andere kam später.

Schlittschuhläufer vor dem Siel an der Ostseite des Ortes, das 1957 außer Betrieb gesetzt und durch ein Schöpfwerk ersetzt wurde.

Nur ein Siedlungsort könnte noch älter sein: die Andeutung einer Warft am Ende der Hohen Straße. Sie ist heute nur noch vom Vorderhaus eines ehemals prächtigen ostfriesischen Bauernhofes besetzt. Wer weiß, vielleicht lag vor allen Cirksenas der Kern der Besiedlung in bäuerlicher Hand.

Ebbe und Flut bleiben nun draußen

Vom Bau des ersten Siels um 1460 bis zur Fertigstellung der Leybuchtnase

Wo Deiche gebaut werden, dürfen Siele nicht fehlen, denn durch sie wird das Binnenland entwässert. Wo Flüsse und Bäche das Binnenwasser zum Meer hin tragen und dann in der Deichlinie eine Sperre finden, werden sie in den Deich gebaut. Um 1460 ist in Greetsiel ein erster Bau nachweisbar, ein zweites Siel wurde um 1600 errichtet, das die Sturmflut von 1665 zerstörte. An seiner Stelle entstand ein steinernes Siel. 1798, in preußischer Zeit, wurde das „Alte Siel" errichtet, das noch heute vom schwarzen Adler gekrönt wird und seeseits die Namen der damals für Deich und Siel verantwortlichen Männer trägt. Infolge der immer stärker werdenden Verschlikkung des Greetsieler Außentiefs funktionierte es seit 1950 nicht mehr. 1888/89 wurde östlich des Ortes ein zweites Siel errichtet, was mit dem Bau des Ems-Jade-Kanals und der damit verbundenen Umstrukturierung der Entwässerung zusammenhing. 1957 hat der I. Entwässerungsverband Emden auch dieses außer Betrieb gesetzt und durch den Neubau eines modernen Schöpfwerks ersetzt.

Ein Einzugsgebiet von rund 11 000 Hektar in der Krummhörn erhielt mit dem neuen Schöpfwerk die Aussicht, seine vor allem die Landwirtschaft bedrängenden Fluten besser zu bewältigen. Bereits während des Probelaufes der drei Turbinen wurden nicht weniger als acht Millionen Kubikmeter Wasser in zehn Tagen außendeichs befördert. Die Leistung der Pumpen, mit 15 Kubikmeter pro Sekunde angegeben, kann bei günstigen Außenwasserverhältnissen auf 22 Kubikmeter gesteigert werden.

Als der Störtebekerdeich 1950 als vorläufig letzte Deichbaumaßnahme den Leybuchtpolder sicherte – nur noch da und dort in der Marsch vorhandene „Schlafdeiche" erinnern an die Zeit der großen Wassereinbrüche – verblieb eine nicht bedeichte Leybuchtfläche von rund 2800 Hektar. Die Bucht verlandete sehr schnell, wodurch die Nutzung sowohl des Norder Tiefs als auch des Greetsieler Außentiefs für Entwässerung und Schiffahrt immer problematischer wurde. Oft saßen Kutter im Schlick fest, der Hafen war bei bestimmten Wetterlagen auch während der Hochwasserzeiten nicht erreichbar. Selbst das 1929 für die Entwässerung der 24 000 Hektar des Norder Entwässerungsverbandes in Betrieb genommene Leybuchtsiel mußte schon 1961 durch ein Schöpfwerk entlastet werden. Der Grund: Verschlickung des Norder Außentiefs.

So waren immer wieder aufwendige Baggerungen des Fahrwassers und Hafens und der regelmäßige Einsatz eines Räumbootes in den Außentiefs nötig. 1985 begann die Landesregierung nach langer Diskussion mit Naturschützern, die sich für den Erhalt der einmaligen Salzwiesen in der Leybucht und auf der Hauener Hooge einsetzten, die bereits zu Beginn der 50er Jahre geforderte Baumaßnahme „Küstenschutz Leybucht". Abzuwägen galt es auch die Sicherheitsrisiken, die mittlerweile durch die nicht mehr dem modernen Standard entsprechenden Deichlinien entstanden sowie die Bedürfnisse der Entwässerung.

Die Fertigstellung der „Leybuchtnase" beinhaltete den Bau eines 15 Kilometer langen Hauptdeiches mit einem Sperrwerk (Siel und Schleuse) in der Nähe der tiefen Wasserrinne „Norderley" rund 3,7 Kilometer vor der Küste im Watt und den Ausbau eines 200 Hektar großen Speicherbeckens. Die technischen Dimensionen der Küstenschutzmaßnahme sind gewaltig: Die Schleuse hat eine Gesamtlänge von 120 Metern und kann bis zu acht Kutter gleichzeitig aufnehmen. Das Siel besteht aus drei Öffnungen

Noch heute schmückt der schwarze Adler das „Alte Siel", das zur Preußenzeit gebaut wurde. 1950 schlossen sich seine Tore.

mit je zehn Metern lichter Weite und zwei Hubtorverschlüssen. Der dem Sperrwerk vorgelagerte Schutzhafen hat eine Länge von 170 Metern und eine Breite von 100 Metern, der neue Deich erreicht die Höhe von NN + 9,0 Metern. Vervollständigt wird das Projekt noch durch die Anlage eines zwölf Kilometer langen Entwässerungs- und Schiffahrtskanals sowie durch den Umbau des Greetsieler Hafens.

Die Folgen der Baumaßnahme allerdings sind gravierend. Konnte man bislang guten Gewissens von der Lage Greetsiels direkt an der Nordsee reden, so ist dies nun nicht mehr möglich. Der Greetsieler Hafen, seit seiner Entstehung dem Wechselspiel von Ebbe und Flut unterworfen, ist seit dem Herbst 1991 tideunabhängig, allerdings auch nur noch durch die große Schleuse an der Norderley erreichbar. Für Fischer und Sportbootbesitzer, für Entwässerung und Deichsicherheit mag die nun noch bis 1996 umzusetzende Lösung optimal sein, für das Bewußtsein der Greetsieler und ihrer Gäste stellt sich das anders dar. Vom Hafendeich Richtung Hauener Hooge gehend, kam spätestens auf der Höhe des „kleinen Siels" (Sielke) die Weite des Vorlandes in den Blick. In Sturmflutzeiten mußten die Hafentore geschlossen werden, so hoch konnte die Flut im Hafen auflaufen. Der Eingriff – gewiß nicht unbegründet und sowohl gut überlegt als auch technisch großartig durchgeführt – trifft den Hafenort, den Ort, dessen Leben von Anfang an vom Rhythmus der Gezeiten geprägt war, in seinem Selbstverständnis. Zwischen den Gezeiten leben, den Rhythmen der Natur ausgesetzt, mit ihnen das eigene Leben und Arbeiten gestalten, bringt neben der wohl vorhandenen Rationalität allen Gestaltens eine tiefere Dimension in den Alltag hinein.

Ebbe und Flut bleiben nun draußen, die Hafenmauer wird abgetragen, der Hafen ausgebaut, und im Sinne einer besseren Entwässerung des Binnenlandes soll der Wasserstand im Hafen mittelfristig um 1,50 Meter gesenkt werden. Dies ist allerdings ein interessanter Aspekt, denn er ließe wieder die Arbeit der alten Siele zu. Neben den Kuttern werden bis 120 Bootsliegeplätze im östlichen Teil des Hafens geschaffen.

Der Ort hat sich verändert, manchem Einheimischen ging es in den letzten 30 Jahren viel zu schnell. Ein wenig Wehmut kommt auf, wenn das Verlorene erinnert wird: die vorstehenden Fenster an den Geschäftshäusern der Mühlenstraße (nur Poppingas alte Bäckerei zeigt noch eins), die Schlosserwerkstatt im Hafen und das alte Wirtschaftsgebäude der Fischereigenossenschaft (Läden und eine Gastwirtschaft haben sich hier etabliert), die kleinen gemütlichen Wohnhäuser am Markt, die Netze am Siel, die Priele und Schlickansammlungen am Rande des Fahrwassers – eine Welt im Werden – und immer wieder Ebbe und Flut im Greetsieler Hafen.

Gut, daß die Kutter geblieben sind, die Fischer, draußen vor dem neuen Deich das Wattenmeer, dieser Raum ruheloser und zugleich stetiger Urnatur, Spielplatz gewaltiger Kräfte, Heimat unzähliger Lebewesen – und über allem ein Himmel von grenzenloser Weite.

Foto: Hans Kolde

Romantik für die einen, für die anderen hartes Brot

Der Arbeitsalltag der Schiffer und Fischer einst und jetzt

Kuff, Tjalk, Schmack, Schoner, Schnigge, Galeas-Ever, Schaluppe und Jacht heißen die Frachtschiffe, die seit dem 17. Jahrhundert ihre Heimat im 1388 zum ersten Mal urkundlich erwähnten Greetsieler Hafen hatten. Aus Holz und Stahl gebaut, Segelschiffe, die bis zu 150 Tonnen transportieren konnten. Mit Korn aus heimischer Ernte verließen sie Greetsiel, Kohle brachten sie zurück. Imposant muß der Anblick gewesen sein, wenn sie von der Englandfahrt oder aus Skandinavien zurückgekehrt, im Hafen lagen. In den wunderschönen Giebelhäusern am Hafen wohnten die Kapitäne und Steuermänner mit ihren Familien. Die Dachböden wurden oft als

Durch die Fertigstellung der gewaltigen „Leybuchtnase" ist der Hafen seit 1991 tideunabhängig. Die Kutter fahren durch die Schleuse an der Nasenspitze hinaus in die Nordsee.

Speicher genutzt, im Erdgeschoß befand sich nicht selten ein Laden, um auch aus dem Ausland mitgebrachte Waren unter die Leute zu bringen. Noch heute geben die Häuser Zeugnis vom Wohlstand jener Zeit.

Andere waren auf den Kanälen und Tiefs unterwegs, fuhren durch die Siele und versorgten die Inseln mit Ziegelsteinen aus Greetsiel und Pilsum und das Festland mit Sand und Torf. Wenn der Wind ausblieb, wurde das Schiff geschleppt oder gestakt. Von einem Schiffer allerdings wird berichtet, daß er, die Mühe des Schifferlebens leid, eines Tages sein Schiff an einen Torfbauer verkaufte. Er verdiente fortan seinen Lebensunterhalt als Arbeiter beim Sielbau, um am Ende ein Karussell zu erwerben. Mit Packwagen, Wohnwagen, Pferd und dem heute noch in Greetsiel lebenden Sohn zog er über die Märkte, bis er einen Holländer zum Kauf des Karussells überreden konnte. So verhalf dieser dem sich nach dem Wasser sehnenden Greetsieler wieder zu einem Schiff.

Der Sohn hatte mittlerweile beim „Laugskipper", dem Dorfschiffer, angeheuert, der Greetsiel, damals noch am Rand der Welt gelegen und über Straßen nur schlecht erreichbar, durch regelmäßige Einkaufsfahrten nach Emden mit dem versorgte, was zum Leben gebraucht wurde. Erst die Kleinbahn Emden – Greetsiel, 1906 in Betrieb genommen, verband den Sielort stärker mit der Stadt.

Von der einst stolzen Greetsieler Frachtschiffahrtsflotte sind heute nur noch zwei Schiffe übriggeblieben. Und doch ist der Hafen der Lebensnerv des Ortes, Kommunikationszentrum ohnehin, geblieben. Wenn die Kutter nach langer Fangfahrt in der Osterems, vor den Ostfriesischen Inseln, im Wattenmeer oder gar vor der Küste Schleswig-Holsteins wieder nach Greetsiel zurückkehren, herrscht buntes Treiben im Hafen. Ein Idyll. Aber hinter der vermeintlichen Romantik des Fischerberufes steckt harte Arbeit und oft ein ärgerlicher Kampf um Fangquoten.

28 Kutter und zwei Muschelschiffe sind in Greetsiel beheimatet – alle technisch auf dem neuesten Stand. Um die Jahrhundertwende fuhren Fischer noch mit Ruderbooten in die Leybucht, in das Norder Tief, nach Utlandshörn oder zum Schweinsrücken. Sie stellten dort ihre Aalreusen und Pfahlhamen oder Buttkörbe auf oder wateten gar mit Elger und Buttprike bewaffnet bei Ebbe ins Watt, um Aal und Butt zu stechen. Auch das „Grabbeln" wurde praktiziert. Dabei gingen die Männer mit hochgestreiften Ärmeln und Hosenbeinen durch das flache Wasser. Durch Tasten mit den Händen auf dem Wattboden versuchten sie, einen Fisch zu finden und festzuhalten. Gelegentlich wurde der Butt auch durch Zutreten gefangen, eine Methode, die aber weniger von Berufsfischern angewandt wurde.

Eine noch zu Beginn dieses Jahrhunderts auch von Berufsfischern angewandte Methode wird heute allerdings nur noch von Hobbyfischern gepflegt: das Fischen mit Buttkörben. Der aus Weide geflochtene oder aus Netzen hergestellte Buttkorb liegt auf dem Watt, öffnet sich zum Deich und ist durch Wände aus Rohr, Holz, Zweigen oder Netzen nach beiden Seiten verlängert. Das Wasser und mit ihm die Fische gehen zur Flutzeit über die Anlage hinweg, mit der einsetzenden Ebbe aber werden die Fische durch die verlängerten Seiten aufgehalten, bleiben vor ihnen liegen oder treiben in den Korb. Bei Niedrigwasser fährt der Fischer nun mit seinem Schlickschlitten, dem Kreier, über das Watt, wobei er mit einem Knie in der hinter der Lenkstange angebrachten Kniemulde hockt, während er das freie Bein zum Abstoßen benutzt.

Nach einem Weg von bis zu drei Kilometern endlich bei den Stellnetzen

Ein Bild voller Romantik: Fischkutter dümpeln im Hafen. Doch die Idylle täuscht – der Fischerberuf bedeutet harte Arbeit.

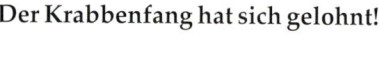

Der Krabbenfang hat sich gelohnt!

Wenn es am Abend im Hafen still wird, kommt Leben in die Restaurants hinter der Hafenmauer.

angekommen, werden Schollen, Butt und Granat in Körben gesammelt und im Kreier zurücktransportiert. Früher wurde der Fang von den Fischerfrauen in den umliegenden Dörfern verkauft. Mit einem Joch über den Schultern, an dem zwei Körbe hingen, waren sie unterwegs. Aus den kleinen Krabben wurde Fischmehl gemacht. Reichtümer konnte so keiner sammeln, Schmalhans war Küchenmeister, wenn die Stürme früher hereinbrachen als erwartet und das Fischen eingestellt werden mußte. Für die Fischer gab es keine Arbeitslosenunterstützung. Von Armut, die so groß war, daß selbst dringende Wege nach Emden zu Fuß zurückgelegt wurden, wird noch heute berichtet. Zum Glück gab es Arbeit an der Dreschmaschine oder in der Ziegelei. Manche Fischer ließen Schellfisch und Kabeljau aus Wilhelmsha-

Hier ist der beste Platz, um Neues zu erzählen und zu erfahren.

Ein bißchen frische Farbe tut not: Frühjahrsputz an Bord.

ven kommen, um sie geräuchert weiterzuverkaufen.

Auch im Binnentief wurde gefischt. Die Greetsielerin Agathe Illers: „Ich entsinne mich, daß mein Vater schon mal ein Boot halbvoll mit Aal hatte. Dann mußte Fraukmöj mit der Klingel durch den Ort, um zu verkünden, daß es billigen Aal bei uns gab. Große Aal-

fangzeit war so ab September, bei abnehmendem Mond und etwas stürmischen Nächten."

Und dann hatte natürlich noch jede Familie ihre Schafe, ein Schwein und den eigenen Garten. Nicht wenige aber wanderten in jenen Jahren in die „Neue Welt", nach Amerika aus.

1913 wurde in Greetsiel der erste Motor in einen Kutter eingebaut. Die Folge: Größere Kutter wurden gebaut, und weiter entfernt liegende Fanggründe konnten nun aufgesucht werden. Hatten bereits zu Beginn des Jahrhunderts die ersten Fischer in Greetsiel mit der Schleppnetzfischerei begon-

Blick auf den östlichen Teil des Fischereihafens.

Stilleben mit Masten und Fischer-netzen.

nen, so blieb dies doch wegen der noch fehlenden Motorisierung der Boote bis dahin episodenhaft. Nun aber wurde die Schleppnetzfischerei zu der Fang-methode der Greetsieler Fischer.

Bis heute ist sie – zwar verfeinert und hochtechnisiert – für den Fisch- und Krabbenfang im Wattenmeer un-

Kleine Welt: Dichter Nebel dämpft alle Geräusche und verbirgt die Fischereiflotte.

19

Winterstimmung im Hafen: Jetzt haben Fischer und Kutter Pause.

übertroffen. An Bord eines Kutters fahren heute meist zwei oder drei Mann Besatzung: Kapitän und ein oder zwei Fischer. Jeder Kutter ist heute mit einem Doppelgeschirr, das heißt zwei Kurren, den Backbord- und Steuerbordauslegern, die mit Hilfe von Maschinenwinden nach Erreichen der Fanggründe auf den Meeresboden abgelassen werden können, ausgerüstet. Dank der Kufen, an den Enden der eisernen Bäume angebracht, lassen sich die Bäume und die an ihnen befestigten, sich nach hinten verjüngenden Netze, leicht über den Meeresboden schleppen. Dabei rollen die vorne an ihnen montierten Holzrollen über den Wattboden. Die Krabben werden aufgescheucht, schwimmen durch die weiten Maschen des Netzbodens und werden im hinteren Netzende, dem „Stert", gesammelt.

Ein Netz nach dem anderen wird an Deck gehievt, der „Stert" geöffnet und der Fang auf einem Rüttelsieb sortiert. Mittlerweile ist der Kochkessel mit Salzwasser gefüllt und angeheizt, und der von kleinen Krebsen, Fischen und den zu kleinen Krabben „befreite" Speisekrabbenfang wird gekocht. Daß die Möwen den Kutter während dieser ganzen Arbeitsphase nicht mehr aus den Augen lassen, versteht wohl jeder, denn so manches Meerestier geht bald

wieder über Bord. Die gekochten Krabben werden in den Kühlraum des Schiffes gebracht und später an Land gepult oder ungepult verkauft. Und auch hier ist nach wie vor Handarbeit erforderlich. Der Anfänger faßt am besten mit Daumen und Zeigefinger der linken und rechten Hand Kopf- und Schwanzende der Krabbe, dreht etwas und zieht dann – unter Druck auf das Fleisch im Schwanzende – den Panzer vorsichtig auseinander. Beim Drehen reißt die Schale zwischen dem zweiten und dritten Schalenring, durch vorsichtiges Weiterziehen löst sie sich, und das Fleisch läßt sich aus Kopf- und Schwanzhälfte herausziehen. Seit einigen Jahren werden in Greetsiel die Krabben auch maschinell aus ihrem Panzer befreit, nur ist die Maschine nicht so schnell und zuverlässig wie menschliche Hände. Deswegen werden noch immer die meisten Krabben von Hand gepult.

Mindestens zwölf Stunden dauert der Arbeitstag der Fischer, zum Glück übernehmen die Genossenschaft oder ein Händler den Fang. Der Fischer oder seine Familie müssen nun nach der schweren Arbeit auf See nicht auch noch die Vermarktung übernehmen. Der Beifang (Gammel) wird ebenfalls im Hafen angelandet, in Darren gekocht und getrocknet, um als Hühnerfutter Verwendung zu finden.

Gefragt, ob er nicht lieber einen weniger anstrengenden Beruf ausüben möchte, antwortet einer der Fischer:

„Und wo bleibt meine Freiheit, wo die Weite der See, der Kampf mit Sturm und Wetter, die sternenklare Nacht, die Sonne und die Wolken am großen Himmel?"

21

Schöpfung im Werden

Wattenmeer und Salzwiesen – ein wunderbarer Lebensraum

Daß die Gezeiten, Ebbe und Flut also, durch das Zusammenwirken von zwei unterschiedlichen Kräften, die auf die die Erde umschließende Wasserhülle einwirken, beruhen, ist bekannt. Jahrhundertelang hat ihr Rhythmus das Leben im Greetsieler Hafen bestimmt, und vor der Eindeichung standen immer wieder fassungslose Binnenländer, nach stundenlanger Anfahrt endlich in Greetsiel angekommen, im Hafen und fragten entgeistert: „Wo ist denn das Wasser?"

Wunderbar ist der von den Gezeiten geprägte Lebensraum Wattenmeer, der sich vom niederländischen Den Helder bis zum dänischen Esbjerg erstreckt. Hierzu zählen das Watt mit seinem Rinnensystem, die Salzwiesen sowie die Inseln und Dünen. Das Leben im Watt vor dem Greetsieler Deich ist durch den Wechsel der Lebensbedingungen in Abhängigkeit von den Gezeiten bestimmt. Der Salzgehalt des Wassers verändert sich, das Zusammenwirken der Wasserbewegungen auf den Untergrund mit der Sauerstoff- und Nahrungsverteilung ist wichtig, und auffallend hoch können Temperaturschwankungen sein. Dabei schwankt der Salzgehalt des Wassers im jährlichen Mittel zwischen 25 und 30 Promille, das heißt, im Liter Wasser sind zwischen 25 und 30 Gramm Salz gelöst.

Die Strömungsverhältnisse werden durch den Wind mit beeinflußt. Erreicht die Tideströmung auf dem offenen Watt durchschnittlich eine Geschwindigkeit von 1,8 Stundenkilometern, so beträgt sie in den Prielen und Rinnen 7,2 Stundenkilometer. Dabei werden Sand, Tonpartikel, tote und lebende Tiere und Pflanzen im Wattenmeer verteilt. Da im vor Greetsiel verbreiteten Schlickwatt der Wasser- und Sauerstoffaustausch eher gering ist, kommt es dort unterhalb der Ablagerungsschicht zu der durch Zersetzung von organischem Material bewirkten Bildung von Schwefelwasserstoff. Dieser Vorgang erklärt die schwarz eingefärbten Substanzen in zirka fünf Zentimeter Tiefe unter den Sedimenten.

mäßig überflutete Schlickwatt angrenzen. Wo die Ablagerungen aber nicht mehr durch Sturmfluten oder Wind abgetragen werden, kann sich dieser Bereich so weit erhöhen, daß sich Strandastern, Andelgras und Strandflieder ansiedeln. Ihr Wurzelwerk festigt den Untergrund, der untere Bereich der Salzwiesen entsteht.

Die Salzwiesen der Hauener Hooge sind durch den Deichneubau zum großen Teil verlorengegangen. In der Leybucht aber finden sich noch große zusammenhängende Gebiete. Sie sind der Lebensraum für etwa 2000 Tierarten, überwiegend Insekten. Dabei sind ungefähr 400 Insektenarten auf nur 25 Pflanzenarten spezialisiert. Wird auch nur eine charakteristische Pflanzenart verdrängt oder vernichtet, kann das schwerwiegende Folgen für die Artenvielfalt in der Tierwelt haben.

Wichtig sind die Salzwiesen auch als Nahrungs-, Rast- und Brutgebiet für

Wattwanderer haben ihre Erfahrung damit.

Eine Fülle von Wurm-, Muschel-, Krebs- und Schneckenarten hat im Schlickwatt ihren Lebensraum. Dort, wo der Seegang nicht mehr so stark ist,

entwickeln sich als Übergang zwischen Watt und Salzwiesen Verlandungszonen. Sie werden nur noch bei Sturmfluten überflutet. Queller und Schlickgras gedeihen hier selbst in Bereichen, die unmittelbar an das regel-

die Seevögel. Faszinierende Einblicke in diesen Lebensraum kann eine Wattwanderung unter fachlicher Leitung gewähren. Erfahrene Wattführer wissen die Sicherheitsrisiken eines Ganges in diesen amphibischen Raum einzuschätzen und sind vor allem mit den seit dem 1. Januar 1986 geltenden Schutzbestimmungen für den „Nationalpark Niedersächsisches Wattenmeer" vertraut. Im Greetsieler Nationalpark-Haus wird ebenfalls sehr sachkundig in Wort und Bild auf die-

Die verschiedenen Pflanzenarten auf den Salzwiesen bieten Nahrung für rund 400 Insektenarten.

sen einzigartigen Lebensraum verwiesen, aber zugleich auch seine extreme Bedrohung durch Schadstoffe bewußt gemacht.

Damit das durch zunehmende Verschmutzung der Nordsee bedrohte Ökosystem Watt und Salzwiese nicht weiteren Schaden nimmt, Tiere und Pflanzen in Ruhe leben können, hat die Nationalparkverwaltung für den Greetsieler Watten- und Salzwiesenbereich umfangreiche Ruhezonen ausgewiesen. In diesen Zonen darf man sich nur auf ausgewiesenen Wegen bewegen, ansonsten besteht generelles Betretensverbot. Weniger streng geschützt ist die Zwischenzone, aber auch hier muß alles vermieden werden, was die Ruhe der Natur durch Lärm oder auf andere Weise stört. Die dritte, die Erholungszone, ist für den Erholungs- und Kurbetrieb frei.

Alles andere als eine leblose Schlickwüste ist das Wattenmeer, alles andere als dürres Land zwischen kultivierten Flächen und dem Meer sind die Salzwiesen. Dieser urtümliche Raum spiegelt etwas wider vom Anfang allen Lebens. Vielleicht ist er mit der Formulierung „Schöpfung im Werden" richtig beschrieben.

Greetsiel in Sturm und Wetter

Immer wieder ist in alten Chroniken von verheerenden Sturmfluten die Rede, die auch den Fischerort in arge Mitleidenschaft zogen

Es ist noch nicht lange her, da standen bei Sturmflut die Wassermassen auf der Hauener Hooge knapp unter der Deichkrone, und auf dem Deich wurden Wachen aufgestellt. Die Tore im Greetsieler Hafen mußten geschlossen werden, weil die Flut sonst mit Gewalt in den Ort gelaufen wäre. Die Eindeichung der letzten Jahre hat die jahrhundertealte Erfahrung der Bedrohung des Lebens durch die Nordsee, die nicht ohne Grund auch Mordsee heißt, verschoben – ein wenig weiter nach draußen, aber noch immer gegenwärtig, noch immer voller unberechenbarer Gefahren.

In den Greetsieler Chroniken finden sich immer wieder Hinweise auf hereinbrechende Sturmfluten, die Deiche und Wohnungen zerstörten, Menschen und Tiere mit sich rissen. Oft dauerte es Jahre, bis die Schäden wieder beseitigt waren. Die Martinsflut 1686 riß an beiden Seiten des Muhdedeiches 17 Häuser weg, 28 Menschen kamen ums Lebens. 1717 brachte die Weihnachtsflut schweres Unheil über Greetsiel: 18 Häuser wurden weggerissen, 48 Menschen getötet, davon acht durch ein auseinanderbrechendes Holzfloß erschlagen. Eine Familie soll sich auf einen Heuhaufen geflüchtet haben und mit diesem fortgetrieben sein. 1801 strandeten mehrere Schiffe am Deich, 1806 wurden der Hafen- und Schutzdeich schwer beschädigt. 1807 erhob sich ein neuer Sturm, alles seit der Flut vom Vorjahr Wiederhergestellte wurde erneut zerstört.

Nicht vergessen sind die Schäden, die die Februarflut des Jahres 1825 anrichtete. Forderte die Weihnachtsflut von 1717 zwar mehr Menschenleben, so haben die ungeheuren Wassermassen der Februarflut unvorstellbare Sachschäden verursacht. Da die Flut überraschend schnell stieg und mit einer solchen Gewalt gegen den Seedeich stürmte, daß der Krummhörner Deich in kurzer Zeit 58 Kappenstürze und Deichbrüche erlitt, war an ein Eindämmen der Deichschäden nicht mehr zu denken. Amtlich wurde festgestellt, daß zwischen Holland und Nordfriesland kein Ort mehr gelitten hatte als Greetsiel. In einem Bericht in „Der Deichwart", 32/1953, heißt es: *„Mit rasender Gewalt stürzten sich die Wellen auf die beiden langgestreckten Hafen-*

deiche und durchbrachen sie am 3. Februar abends gegen acht Uhr an mehreren Stellen zugleich. Obwohl man sofort versuchte, mit Erdsäcken die Löcher zu verstopfen, mußte man die Sicherungsarbeiten bald einstellen, denn die Flut überspülte schon eine Stunde später die Deiche und brach sich durch neue Löcher einen Weg in den Flecken. Unter furchtbarem Getöse wälzte sich das Wasser in die Ortschaft, riß die Kajung und das Pflaster auf und strömte in die anliegenden Häuser. Das erste Opfer war das Geschäftshaus des Kaufmanns Hinderikus Meyer, das dort stand, wo jetzt Wolter Janssen wohnt (heute Eisdiele). Meyer war ein angesehener Kaufmann. Sein großes Lager schwamm einige Stunden später durch das Binnentief ins Land hinein. An der Ostseite des Siels wurde der Kroon'sche Gasthof das zweite Opfer. Es folgten noch acht weitere Häuser. Fast 30 Gebäude wurden außerdem schwer und siebzehn leicht beschädigt; von ersteren mußten weitere acht Häuser später abgebrochen werden. Gegen Mitternacht zog zu allem Überfluß noch ein überaus kräftiges Gewitter auf. In das Heu-

len des Sturmes und das Gebrause der Wogen mischte sich nun das Rollen des Donners. Furcht und Schrecken erfüllte die Einwohnerschaft, und mancher glaubte schon, der Weltuntergang sei gekommen. Beherzte Männer zündeten an einigen höher gelegenen Plätzen außerhalb des Ortes Notfeuer an, um von auswärts Hilfe heranzuholen. Es war aber nicht mehr möglich, denn schon rollte das Wasser anderthalb Meter hoch durch den Ort. Der Fischer Jan G. Ysker, der seinen Verwandten zu Hilfe eilen wollte und sich auf Uiterstewehr ein Pferd geliehen hatte, kam unterwegs in den Fluten um; daß außer ihm nur zwei weitere Todesopfer zu beklagen waren, ist der tapferen Hilfsbereitschaft vieler Greetsieler Einwohner zu verdanken, die unter der persönlichen Leitung des Amtsvogtes Kriegsmann und unter dem Einsatz ihres eigenen Lebens die Mitbürger aus den bereits von den Fluten umgebenen Häusern retteten. Das Wasser drang immer weiter in das Hinterland hinein und fast 85 Prozent der Krummhörn wurden in den Tagen vom Wasser überschwemmt. Nach Ablauf des Wassers konnte man in Greetsiel in den Häusern und im Binnentief sowie in den Gräben tausende Heringe fangen, die das Seewasser über den Deich geschwemmt hatte und jetzt den Bewohnern eine Nahrungshilfe wurden. Bei Pilsum hat man sogar einen Seehund gefangen."

Nicht weniger dramatisch sind die Berichte über die Rettung Schiffbrüchiger vor Greetsiel. Von 1905 bis 1933 unterhielt die Deutsche Gesellschaft zur Rettung Schiffbrüchiger in Greetsiel eine Station. Noch heute kann man

das Gebäude am Hafendeich sehen. Ein Bericht aus der „Ostfriesischen Zeitung" aus dem Jahre 1906 soll für viele stehen:

„Die beiden Greetsieler Schiffe ‚Talkemina', Schiffer Karl Martens, und ‚Kea', Schiffer Carsjen Funck, hatten am 11. März d. J. auf dem sog. Greetsieler Nacken eine Ladung Sand eingenommen und wollten am folgenden Morgen nach binnen segeln. Das Wetter wurde in der Nacht zum 12. stürmisch; die ‚Talkemina' schlug beim Flottwerden voll Wasser, infolgedessen Schiffer Martens und sein Bestmann Hinderk de Beer in den Mast ihre Zuflucht nehmen mußten. Die in der Nähe liegende ‚Kea' konnte in der stürmischen dunklen Nacht keine Hülfe bringen. Bei Tagesanbruch gelang es jedoch dem Schiffer Funck und dem Bestmann S. Heeren durch geschicktes und umsichtiges Manövrieren an die ‚Talkemina' heranzukommen und deren Besatzung zu bergen. Hierbei stieß die ‚Kea' an der ‚Talkemina' schwer leck, weshalb man sofort Segel setzte, um binnen zu fahren. Da das Schiff durch starkes Eindringen von Wasser sich nicht mehr segeln ließ und zu sinken drohte, ließ man es auf den Leysand auflaufen. Nach kurzer

Das Foto vom überfluteten Hafenbereich ist mittlerweile historisch: Seit Fertigstellung des Leysiels im September 1991 kann das Wasser nicht mehr eindringen.

Zeit schlug die ‚Kea' infolge Steigens der See voll Wasser, und nun versuchten die vier Personen in den Mast zu klettern. Funck und de Beer gelang es, oben in den Mast zu kommen, während Martens wegen Erschöpfung ihnen nicht mehr folgen konnte, und der im Klettern ungeübte Heeren sich an der Gik festhielt. Als das Wetter immer schlechter wurde und das Wasser höher stieg, wurden Martens und Heeren sehr bald von der See über Bord gespült und ertranken. Die Notlage der Schiffe war am Morgen des 12. März von dem Vormann der Rettungsstation Greetsiel, Fischer Baalmann, bemerkt worden; er ließ sofort das Rettungsboot bemannen und es gelang den Rettungsleuten, nach einer mehrstündigen, stürmischen Fahrt die ‚Kea' zu erreichen und unter sehr schwierigen Verhältnissen mittags 12 Uhr den Schiffer Funck und den Bestmann de Beer aus dem Mast zu retten."

Der Vormann berichtet an anderer Stelle von der Heimkehr des Rettungsbootes mit einem Toten an Bord: „Unvergeßlich wird mir der Eindruck bleiben, den wir hatten, als wir uns dem Hafen näherten. Siel und Deich waren voller Menschen. Die Glocken läuteten vom Glockenturm. Kein Wort von all den Menschen fiel, Stillschweigen herrschte. Die Majestät des Todes hatte alle in ihren Bann gezogen."

Noch oft lag Greetsiel unter Sturm und Wetter, noch oft sind die Rettungsmänner hinausgefahren, um Menschen in Seenot beizustehen. Und immer wieder, bis in unsere Tage, muß die Gemeinde Menschen, die Opfer der See wurden, auf ihrem letzten Weg begleiten.

Ubbo Emmius – Historiker und Theologe

Aus dem Leben eines Greetsieler Gelehrten

Umfassend gebildet, wenn nicht gar genial muß er gewesen sein, jener Mann, der in seiner „Frisiae orientalis descriptio chorographica", einer topographischen Beschreibung Ostfrieslands also, im Blick auf seinen Geburtsort schreibt: „Greetsiel ist der Hauptort der ganzen Vogtei, der Wohnsitz und ein sehr altes Erbe des Hauses Cirksena. Damals gab es dort einen Hafen, der sehr bequem an einem mit der Burg verbundenen Siel lag und der abgesehen vom Emder Hafen hinter keinem in ganz Friesland zurückstand; und vor dem inneren Hafen war ein sehr guter und breiter Ankerplatz für die Schiffe, den das ebenso tiefe wie breite Flußbett in den Meerbusen bildet. Dieser Fluß mündet zwischen Borkum und Juist in die Nordsee, drängt sich weit in das Land hinein. Dieses Flußbett nennen die Seeleute die Osterems. Der Hafen aber wird von dem Fluß gebildet, den wir schon erwähnten und der aus einem großen Teil des Emsigerlandes das Wasser sammelt, angeschwollen und rauschend durch ein Siel ausmündet und das Dorf in der Mitte durchschneidet. Jetzt wurde noch ein zweiter Kanal, der von anderswoher hierher geleitet wurde, hinzugefügt, um die Emder austrocknen zu lassen. Selten wurde ein Ort durch die Natur so von Glück begünstigt. Wenn dieses Dorf in früheren Jahrhunderten fleissigen und dem Handel ergebenen Bewohnern zugefallen wäre und es eine bereitwillige Behörde gehabt hätte, dann wäre ohne Zweifel schon längst aus dem mittelgroßen Dorf eine Stadt mit einem nicht ungünstigen Schicksal geworden."

Die Greetsieler sind froh, daß ihnen wenigstens dieses Schicksal erspart geblieben ist. Ansonsten aber sind sie stolz auf Ubbo Emmius, der hier am 5. Dezember 1547 als Sohn des lutherischen Pfarrers Emme Dyken und seiner Frau Elise geboren wurde. Nicht nur die Greetsieler Grundschule trägt seinen Namen, in ganz Ostfriesland und dem niederländischen Friesland erinnern Straßen, Plätze und Bildungseinrichtungen an ihn.

Den ersten Unterricht erhielt Ubbo Emmius bei seinem Vater. Daran schloß sich der Besuch der Lateinschulen in Emden, Bremen und Norden an, die alle unter dem Einfluß der reformierten Kirche standen. Es ist zu vermuten, daß in jener Zeit bereits seine Hinwendung zum Calvinismus erfolgte.

Nur kurz war sein Studienaufenthalt in Rostock. Eigene Krankheit und der Tod des Vaters erzwangen die Rückkehr nach Greetsiel. Von 1572 bis 1576 lebte er wieder im Hafenort.

Entscheidend aber wurden seine sich nun anschließenden Studien in Genf, das er zu Fuß in acht Wochen erreichte. Theodor Beza, Calvins Schüler und Nachfolger an der Universität, war die beherrschende Persönlichkeit. Die akademische Jugend sammelte sich unter seinem Katheder und seiner Kanzel.

Nach Abschluß seiner Studien wurde Emmius als Historiker, Theologe und auch in Naturwissenschaften Gebildeter, weil er sich selbst für den Predigtdienst als zu schüchtern einschätzte, 1579 Rektor der Norder Lateinschule. Schon damals begann er mit seiner Aufarbeitung der friesischen Geschichte. Aber schon acht Jahre später mußte er wegen konfessioneller Differenzen mit Graf Edzard II. weichen. Der reformierte Graf Johann berief ihn daraufhin als Rektor nach Leer. 1596 war er Rektor in Groningen und gewann hier als erster „Rector magnificus" der neugegründeten Universität internationales Ansehen.

Sein wissenschaftliches Werk umfaßt theologische Streitschriften zum Abendmahl, gegen den Täufer David Joris und über die Entstehung der anabaptistischen Sekte in Deutschland. Daneben gab er Gutachten zu Fragen der Kirchenverfassung, schrieb ein Buch über das Groningerland, zeichnete eine Ostfrieslandkarte (die 200 Jahre lang als Vorbild für weitere Karten diente), und er erläuterte diese in einem umfangreichen Führer durch Ostfriesland. Ubbo Emmius verfaßte eine Biographie des Grafen Wilhelm Ludwig von Nassau, vollendete ein Werk über das alte Griechenland und wurde nur durch den Tod am 9. Dezember 1625 daran gehindert, auch noch eine Biographie des Makedonierkönigs Philipps vorzulegen.

In der Universitätskirche in Groningen wurde er bestattet. Eine Gedenktafel am Greetsieler Marktplatz erinnert an ihn.

Sein Hauptwerk aber sind die „Rerum frisicarum historia", die in 60 Teilen auf 962 Folioseiten die Geschichte des ganzen friesischen Volkes von Westfriesland bis Nordfriesland, von

Ubbo Emmius, Professor für Geschichte und Griechisch, wurde 1547 in Greetsiel geboren und starb im Jahre 1625 in Groningen.

der Vlie bis an die Weser beschreiben. Am Anfang seines Werkes steht eine ausführliche geographische Beschreibung Frieslands. Dann erst stellt er „Haupt- und Staatsaktionen sowie historische Persönlichkeiten" dar, berichtet von Verträgen, Rechtsverhältnissen, wirtschaftlicher Lage, vom Handel, der Landwirtschaft, dem Münzwesen, dem Bau von Deichen und Sielen, ja sogar vom Wetter, dem Burgenbau und dem Münzwesen. Dabei wertete er immer wieder altes, heute verschollenes Urkundenmaterial aus.

Sein Hauptthema ist der Gedanke der „friesischen Freiheit". Abschließend bleibt festzustellen, daß die Geschichtsschreibung des Emmius trotz aller aus heutiger Sicht nötigen Korrekturen einen Höchststand in seiner Zeit darstellt.

Gut hat er es gemeint, der Herr Apotheker Jolck, als er im Sommer 1911 zu einer Sammlung aufrief, um in Greetsiel ein Luftlichtbad einzurichten, die bereits vorhandene Damenbadeanstalt auszubauen und Strandkörbe anzuschaffen. 2000 Reichsmark kamen zusammen, Geld genug, um einen – wie Kritiker meinten – *„wohl auch zu glänzenden Prospect"* anzufertigen und in den Zeitungen für Greetsiel Reklame zu machen, so daß die Gäste zwar kamen und aber auch bald wieder gingen, denn, so der bereits zitierte Pastor Jan F. Vietor in seinen Aufzeichnungen: *„Es fehlt bei uns der Strand; nur sehr anspruchslose Fremde werden sich hier aufhalten."*

Die Mitglieder des Kurvereins haben sich zum Glück von dieser herben Kritik nicht irritieren lassen, sondern immer wieder auf die herrliche Lage Greetsiels unter einem unendlichen Himmel hingewiesen, haben von der grünen Marsch und dem goldenen Ring der Deiche, von Bauernhöfen in der Marsch, dem silbernen Netz der Kanäle und Gräben berichtet, das Wattenmeer im sich verändernden Licht des Tages und der Jahreszeiten gepriesen, vom Leben der Menschen an der Küste und in der Marsch, von den Fischern, den Bauern, den Arbeitern und ihren Familien, die im Sturm geborgen leben, erzählt.

Individualisten, Menschen, die einer urtümlichen Landschaft, den Gezeiten und Menschen besonderer Art begegnen wollten, kamen und blieben. Künstler vor allem, die bei den Einheimischen lebten, mit ihnen zusammen-

Maler als Botschafter Greetsiels

Vom Luftlichtbad zum Küstenbadeort

saßen und einander unbekannte Welten eröffneten. Einer dieser Männer war Hermann Schauten, der im April 1937 zum ersten Mal kam und dann gleich bis Ende November blieb. Oft schon hatte er am Niederrhein in der Natur gemalt, aber die Natur hier muß für ihn wie eine Offenbarung gewesen sein.

Greetsieler Gästebücher nennen Namen der Besucher jener Zeit: Professor Trump, Heinz Scholten, Poppe Folkerts, Freiherr von Perfall, Professor Clarenbach, A. L. Thiel, Professor Rizek, J. Klein von Diepold, Alf Depser, Professor Fischer–Uwe, Hans Trimborn, F. Kayer, F. Hartmann und viele andere.

Ruhe und Originalität, Natur im Urzustand, Lebensraum von Wind und Wetter und einem großen Himmel bestimmt – das fanden sie im Greetsiel jener Zeit und vor allem gastfreundliche Menschen. Die Künstler wurden bewußt oder unbewußt zu Botschaftern Greetsiels. Und als 1969 die erste „Greetsieler Woche", eine Kunstausstellung, stattfand, war Greetsiel äußerlich zwar noch immer das kleine, unverfälschte Fischerdorf an der Nordsee, aber doch längst zum Geheimtip geworden. Sie haben es verstanden, die Greetsieler, mit ihren Pfunden zu wuchern, denn aus den 6250 Übernachtungen des Jahres 1962 sind 1990 mehr als 254.400 geworden. Feriensiedlungen sind entstanden, Gastronomie, die ihresgleichen sucht, ein Haus der Begegnung und ein reiches Angebot an Veranstaltungen für Gäste und Einheimische.

Nur für Künstler ist es im Dorf zu unruhig geworden. Heute begegnet man ihnen draußen, am Deich oder in der Marsch, an den Kanälen und Tiefs. Hier finden sie ihn noch, den Zauber. Nun, verlorengegangen ist der auch im Ort noch nicht, man muß ihn nur suchen, abends am Deich, unterwegs mit einem Kutter oder draußen am Meer, den Vögeln und den Gezeiten zuschauend, unter einem Himmel sondergleichen.

Fischkutter vor der Kulisse der malerischen Häuserzeile hinter der Hafenmauer bieten Malern immer wieder ein Motiv.

Von den Mühlen bis zum Kattrepel

Ein unterhaltsamer Rundgang durch das Fischerdorf

Sie werden gemalt und fotografiert wie kaum zwei andere Bauwerke in der Krummhörn, die beiden Galerieholländer, die Greetsieler Zwillingsmühlen. Während die eine heute als Café und Galerie genutzt wird, so kann man in der zweiten das Müllerhandwerk kennenlernen und zugleich ein prachtvolles technisches Bauwerk besichtigen. Die Flügel sprechen übrigens eine eigene Sprache . . . Aber das und vieles andere läßt der Besucher sich am besten vom Müller selbst erzählen.

Von der Galerie der Mühle aus schweift der Blick weit ins Land: Richtung Greetsiel zur rechten Hand die

Wahrzeichen des Fischerortes: die schmucken Zwillingsmühlen am Ortseingang.

nach Ubbo Emmius genannte Grundschule und das Schöpfwerk, nach links, jenseits des Eilsumer Sieltiefs, liegt die Warft Appingen, und im Hintergrund erhebt sich die mächtige Pilsumer Kreuzkirche.

Der Weg in das Dorf führt über die Brücke in den Schatthauser Weg zum Nationalpark-Haus, in dem man sich über Flora und Fauna von Wattenmeer, Salzwiesen und Deichen sowie über deren Bedrohung informieren kann. Es wurde in die Scheune des Schatthauses, ein Gebäude aus gräflicher Zeit, eingebaut. Nicht weit von hier befindet sich das alte Siel. Vom Umgang des Siels aus bietet sich ein faszinierender Blick in den Hafen. An der dem Tief zugewandten Brüstung zeigt sich der preußische Adler über der Jahreszahl 1798, während an der gegenüberliegenden Seite eine Tafel an die Namen der für das Bauwerk Verantwortlichen erinnert.

Rechts erhebt sich eindrucksvoll das Haus des ehemals gräflichen beziehungsweise fürstlichen Amtmannes.

Gepflegte alte Häuser in der Sielstraße gegenüber vom Marktplatz.

Nicht zuletzt der Häuserzeile am linken Hafendeich mit den herrlichen barocken Giebeln aber verdankt Greetsiel seinen Namen „Kleinod an der
Nordsee". Das Bekenntnis *„In domino
confido"* („Ich vertraue auf Gott")
schmückt den früher einmal als Ka-
minumfassung genutzten Giebelstein
des Hauses Nummer 112. Die Wappen
links und rechts verweisen auf die früheren Besitzer: von Frese, Beninga und
von Werpe. Der formschöne Giebel
des übernächsten Hauses trägt die
Wappen der Eheleute Tobias Wilhelm
Damm und Elke Ubben aus dem Jahre
1741. Diese wie die anderen stattli-
chen, aber doch jüngeren Häuser gehörten größtenteils den in Greetsiel an-

**Halb Tante-Emma-Laden, halb
Museum: Poppingas alte Bäckerei.**

Begann vielleicht auf dieser Erhöhung am Ende der Hohen Straße die Besiedlung Greetsiels? Heute steht hier nur noch das Vorderhaus eines ehemals prächtigen ostfriesischen Bauernhofes.

sässigen Kapitänen der Frachtschifffahrt.

Auf dem Hafendeich links befindet sich die an der großen zum Hafen hin angelegten Tür erkennbare ehemalige Rettungsstation Greetsiel. Das Rettungsboot wurde mit Hilfe einer Slipanlage aus dem Schuppen in den Hafen gefahren. Links binnendeichs auf der Höhe des einzigen außendeichs gelegenen Hauses – einer ehemaligen kleinen Schiffswerft – findet sich das Kabelhaus, in dem das seit 1882 Deutschland und Amerika verbindende Telegraphenkabel einen wichtigen Knotenpunkt hatte.

Folgt man nun der Sielstraße in den Ort, lädt Poppingas alte Bäckerei zum

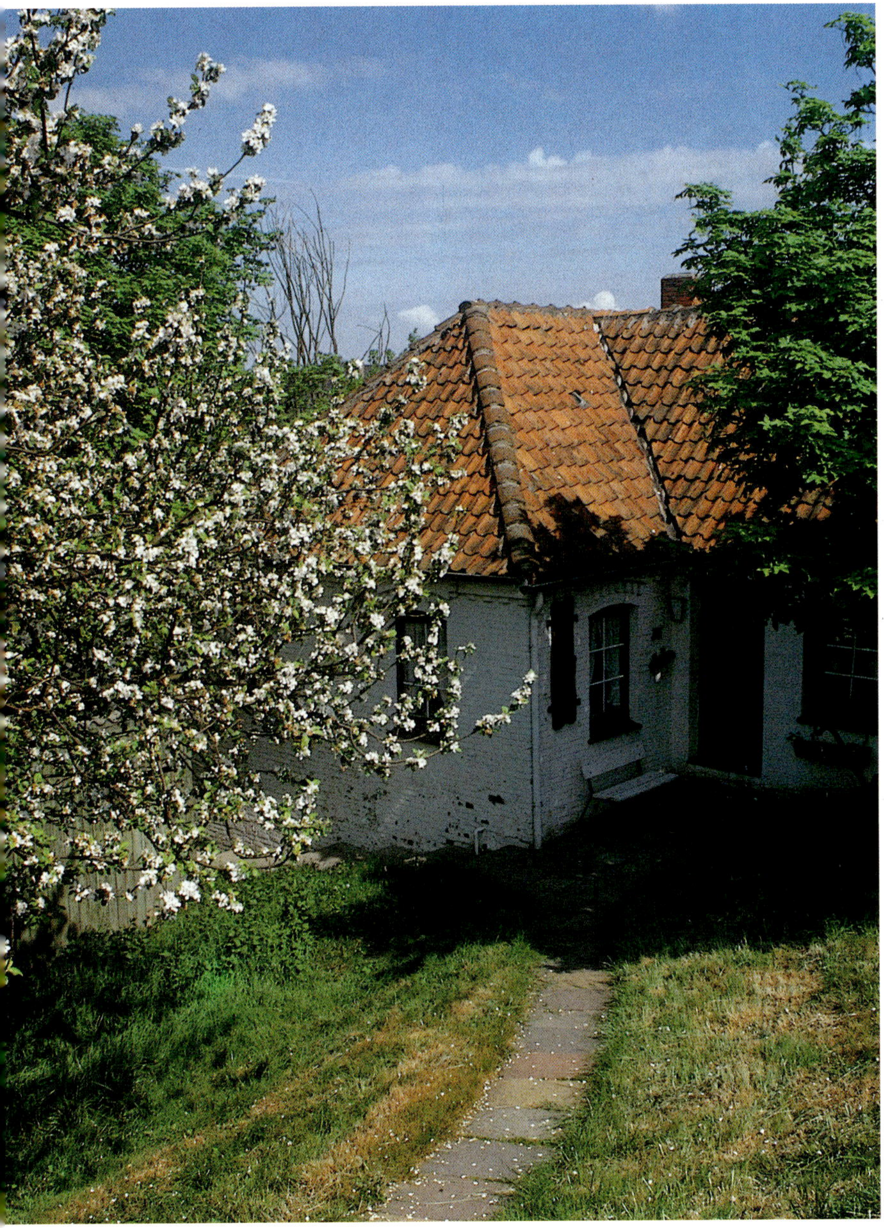

Ein verträumter Winkel: das alte Fischerhaus im Schutz des Deiches.

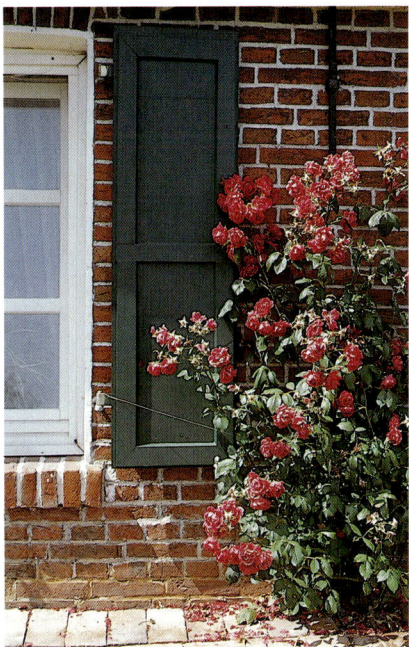

Gegenüber der Kirche steht das „Hohe Haus", einst Sitz der fürstlichen Renteiverwaltung, heute Hotel und Gaststätte.

Giebelstein eines barocken Hauses am Hafendeich: Die Wappen verweisen auf die früheren Besitzer. Im Vordergrund Greetje, die Krabbe, Greetsiels neues Wahrzeichen.

Besuch ein. 1982 wurde die Bäckerei der Familie Poppinga von der Gemeinde Krummhörn erworben, um die noch aus dem 19. Jahrhundert erhaltene gewerbliche und private Ausstattung des Hauses, erweitert um ein Café und eine Galerie, der Allgemeinheit zu bewahren. Das „Hohe Haus", einst Dienstsitz der fürstlichen Renteiverwaltung für das große Teile der Krummhörn einschließende Amt Greetsiel, wurde zum Hotel.

Die 1401 geweihte Greetsieler Kirche, zu den sogenannten Rechteckeinräumen gezählt, ist Heimat der evangelisch-reformierten Gemeinde. Der schlichte Innenraum – ohne Altar und Kruzifix – will zur Konzentration

Bunte Blumen in den Gärten – und seien sie noch so klein – tragen zur Verschönerung des Ortsbildes bei.

Bei Veranstaltungen im Haus der Begegnung am Rande des historischen Ortskerns finden Gäste und Einheimische Zerstreuung.

auf die Wortverkündigung helfen. Die Kanzel steht darum in dieser „Kirche des Wortes" im Zentrum. Der Orgelprospekt soll aus dem in der Reformationszeit aufgelösten Kloster Aland bei Wirdum stammen, die Orgel wurde 1963 erneuert. Unsicherer Untergrund hat wohl zur „Seitenlage" der Kirche geführt. Aber es heißt ja im Plattdeutschen: „'n bietje scheev hett Gott leev". Auffallend ist die Schiffswetterfahne auf dem Dachreiter. Mit dem dargestellten Dreimast-Huker aus der brandenburgisch-preußischen Zeit besitzt die Kirchengemeinde die älteste kirchliche Schiffswetterfahne Niedersachsens. An die Burg und ihre Bewohner erinnert ein Allianzwappen des Grafen Edzard II. und seiner Frau Katha-

Der Marktplatz: Unter schatten-
spendenden Kastanien schmecken
Ostfriesentee oder Krabbenbrot
noch mal so gut.

Klumpenmacher auf dem Handwerkermarkt. Das alljährliche Ereignis
zieht stets viele Besucher von und
fern an.

Die schönen Häuser an der westlichen Hafenseite gehörten früher zum größten Teil den Greetsieler Frachtschiffkapitänen.

Ein Spaß für Kinder: nostalgisches Karussell auf dem Jahrmarkt.

rina von Schweden aus dem Jahr 1599 über der Kirchentür.

Das Gemeindehaus findet sich im Anschluß an das Kirchengebäude im „Ol Pastooren-Tuun." Im Restaurant „Zur Börse" wurde bis 1744 durch den Drost die niedere Gerichtsbarkeit ausgeübt, und im sich anschließenden heutigen Restaurant „Zum alten Siel" soll einst ein Zuchthaus gewesen sein; in unserem Jahrhundert jedoch befand sich dort eine Schmiede. Nicht weit von hier, rechts hinter den Wohn- und Geschäftshäusern am Markt, erhob sich die Wasserburg der Cirksenas, die 1777 auf Befehl Friedrichs des Großen auf Abbruch verkauft wurde. Der Mühlenstraße folgend, kommt man zu dem imposantesten bürgerlichen Bau-

Ein imposantes klassizistisches Bauwerk: das 1794 errichtete von Halemsche Haus.

Der Kattrepel: In diesem Bereich wurden Wege und Winkel liebevoll restauriert.

werk Greetsiels, dem 1794 errichteten klassizistischen von Halemschen Haus.

Reizvoll ist ein Spaziergang durch den Katrepel. In diesem Bereich wurden im Rahmen der Dorferneuerung ab 1979 Wege, Plätze und kleine Winkel liebevoll restauriert. Neben dem Hafen- und Sielbereich findet sich hier die wohl dem Ort am ehesten gemäße Wohn- und Siedlungsform aus alter Zeit.

Natürlich lohnt auch ein Bummel durch die drei neuen Greetsieler Siedlungen. Sie bieten jungen Familien Wohn- und Lebensraum, Heimat den Menschen, die die Besucher des Fischerdorfes an ihrem Leben Anteil nehmen lassen.

Der stattliche Bauernhof mit Blick
auf das Neue Greetsieler Sieltief
beherbergt heute Feriengäste.

Kunstvoll geschnitzte Haustüren
heißen den Gast willkommen.

Zeittafel

um 800 n.Chr.	Erste Erwähnung Appingens
17.2.1164	Julianenflut, das Land soll bis zwölf Meilen landeinwärts mit Salzwasser bedeckt gewesen sein
16.1.1219	Marcellusflut – vor allem Friesland und Holland überflutet
14.12.1287	Luciaflut – Nordseeküste überflutet
23.11.1334	Clemensflut – Flandern bis Ostfriesland überflutet
1350 ff	Besiedlung Greetsiels von Appingen aus durch die Cirksenas
16.1.1362	2. Marcellusflut – Dollart, Leybucht werden erweitert
1362-1388	Burgbau in Greetsiel durch Edzard Cirksena
9.10.1373	1. Dionysiusflut – die Leybucht reicht bis an die Stadt Norden
15./16.11.1377	2. Dionysiusflut – Deiche bei Lütetsburg und Bargebur brechen
1388	Erste Erwähnung des Greetsieler Hafens
30.3.1401	Weihe der Greetsieler Marienkirche
1408	Haro Cirksena verliert die Burg an Keno II. tom Brock
18.11.1421	Elisabethflut – Niederlande und Ostengland betroffen
1427	Enno I. und Enno II. wieder im Burgbesitz
1433	Niederlassung des Karmeliterordens in Appingen
1461	Bau eines Siels
1454	Ulrich Cirksena wird zum Grafen Ostfrieslands erhoben
1457	Neubau einer Burg durch Graf Ulrich Cirksena
26.9.1509	Cosmas- und Damianflut, Entstehung der Insel Nesserland bei Emden, größte Ausdehnung des Dollarts
16.1.1511	Große Eisflut oder Antoniusflut – Eisschollen zerstören die Deiche
1530 ff	Orgel des Klosters Aland kommt nach Greetsiel
31.10.1532	3. Allerheiligenflut – Nordseeküste vom Kanal bis Jütland überflutet
1543	Herzog Karl von Geldern nimmt ohne Kampfhandlung die Burg
1547-1625	Ubbo Emmius, bedeutender Historiker, geboren in Greetsiel, gestorben in Groningen
1558	Gräfin Anna bezieht die Burg, sie stirbt 1575
1.11.1570	4. Allerheiligenflut – Flandern bis Eiderstedt, Flutmarke an der Kirche Suurhusen
um 1600	Errichtung eines zweiten Siels
1602 und 1609	Die Burg fällt an Emder Truppen
1606-1609	Blockaden des Greetsieler Hafens durch die Emder während des niederländisch-spanischen Krieges
1610	Die Truppen der Generalstaaten gewinnen die Burg
1613	Erste Erwähnung einer Mühle

1619	Bau des Hohen Hauses, Verwaltungssitz des Amtes (bis 1737)
26.2.1625	Fastnachtsflut – zahlreiche Durchbrüche in Ostfriesland
11.10.1634	2. Manntränke – Westküste Schleswig-Holsteins
1636	Älteste Urkunde zur Greetsieler Schule
1644	Einrichtung einer Salzsiederei
1651–1660	Enno Ludwig, erster Fürst von Ostfriesland
1651	Der Heidelberger Katechismus wird in Leer eingeführt
1662	Die Mansfelder in Greetsiel
1665	Zerstörung des Siels und anschließender Bau eines steinernen Siels
1682	Brandenburgische Truppen unter Obristleutnant Brand nehmen die Burg ein
1696	Orgelneubau
1706	Die zweite Mühle wird errichtet
24.12.1717	Weihnachtsflut – größte bis dahin bekannte Flut, schwerste Deichschäden und ungeheure Verwüstungen auf dem Festland, Ausdeichung von Itzendorf und Bettewehr II. In Ostfriesland ertrinken 2 752 Menschen, und 930 Häuser werden fortgespült.
1730	Wetterfahne auf dem Dachreiter der Kirche
1738	Orgelumbau
1744	Die Cirksenas sterben aus, Greetsiel wird preußisch
1755-1777	Die Burg wird als Zuchthaus genutzt
1777	Abbruch der Burg
1794	Bau des klassizistischen Wohnhauses in der Mühlenstraße
1798	Neubau eines Siels
1807	Ostfriesland gehört zum Königreich Holland unter Ludwig Bonaparte
1813	Herrschaft des Königreichs Hannover
1818	650 Einwohner in Greetsiel
1824	732 Einwohner, erwähnt werden eine Branntweinbrennerei und eine Tabakfabrik, der Hafen, so heißt es, sei einer der besten im Land
3./4.2.1825	Februarsturmflut – alle bisher bekannten Werte werden überschritten, das Wasser steht bis zum Geestrand, 800 Menschen ertrinken, 44 900 Tiere kommen um
1842	763 Einwohner, Fischerei wird zum erstenmal als Erwerbszweig erwähnt, dazu Branntweinbrennerei, Tabakfabrik, Schiffswerft und Bauernhöfe als Wirtschaftszweige benannt
1852	Erneuerung der Kircheninnenausstattung
1856/1921	Bau bzw. Wiederaufbau der Mühlen als Galerieholländer
1866	Herrschaft Preußens
1877	Gründung der Sterbekasse Greetsiel

Zeittafel

1880	Erstmalige Nennung der Berufsbezeichnung „Fischer" im Greetsieler Taufregister
1882	Erstes Kabel-Telegramm über das Kabelhaus nach Amerika
1884	Gründung des Christlichen Jünglingsvereins
1887	Bau des Neuen Siels
5.-8.12.1895	Sturmflut, bei der während sechs Tiden hohe Wasserstände vor den Deichen andauern
1898	Gründung der Freiwilligen Feuerwehr
ab 1900	Geringe Bedeutung als Frachthafen
1902	685 Einwohner in Greetsiel
1905	Errichtung einer Rettungsstation im Hafen
1905	Gründung des Krankenpflegevereins
13.3.1906	Sturmflut mit Wasserständen, die zum Teil höher als bei der Februarsturmflut 1962 liegen, nur kleinere Deichdurchbrüche
1906	Greetsiel erhält Bahnanschluß, bis 1963
1908	Gründung des Evangelischen Arbeitervereins
1911	Fremdenverkehr in Greetsiel / Kurverein
1913	Das erste Fischerboot erhält einen Motor
1914	Orgelneubau
1917/18	Beschlagnahmung der Kirchenglocken
1919	Gründung eines Bürgervereins
1919	Fischereiverein gegründet
1927	Bau der Jugendherberge in Greetsiel
ab 1930	Kunstmaler entdecken Greetsiel
1934	Umwandlung des Kurvereins in einen Fremdenverkehrsverein
1939	30 Fischkutter im Hafen gemeldet
1947	Fischereigenossenschaft gegründet
1950	Eindeichung des Leybuchtpolders
1950	Stillegung des alten Siels
1.2.1953	Hollandflut, zahlreiche Deichbrüche in Holland und Ostengland, 2 100 Menschen sterben
22.12.1954	Sturmflut mit hohen Wasserständen in Nordwestdeutschland
1955	43 Fischkutter in Greetsiel beheimatet
1957	Stillegung des Neuen Siels
1957	Arbeitsbeginn des Schöpfwerks Greetsiel
16./17.2.1962	2. Julianenflut – Ostfriesland, Nordfriesland, geringe Schäden in Ostfriesland, Flutmarke im Greetsieler Hafen
1962	6 250 Übernachtungen in Greetsiel
1963	Orgelneubau durch Firma Schuke, Berlin
1968	Neugründung des Fremdenverkehrsvereins
1969	Erste Greetsieler Woche
1970	Gründung des Arbeitskreises Greetsieler Woche
1972	Greetsiel wird Ortsteil der Gemeinde Krummhörn
1972	Umfangreiche Erdgasfunde
Herbst 1973	Sturmflutenkette mit schweren Schäden auf den Ostfriesischen Inseln
10.11.1974	Einweihung des evangelischen Gemeindehauses
3.1./20.1.1976	Sturmflut, schwere Schäden auf den Ostfriesischen Inseln und Deichbrüche im Kehdingerland
1976	Verein zur Erhaltung der Greetsieler Zwillingsmühlen gegründet
1976	Umgestaltung des alten Friedhofs an der Kirche
1977	Umgemeindung der evangelischen Einwohner aus Alt Hauen, Akkens und Hauener Hooge in die evangelisch-reformierte Kirchengemeinde
1977	Beginn der Dorferneuerung
1977	Bau einer Friedhofskapelle neben der Kirche
1981	Umfassende Innenrenovierung der Kirche
1982	Stiftung eines Taufsteins
1982	Gründung einer Fremdenverkehrsbetriebs GmbH
1982	Bau des Hauses der Begegnung
1982	Poppingas alte Bäckerei wird eröffnet
1983	Errichtung der Diakoniestation
1985	Beginn der Baumaßnahme Küstenschutz Leybucht
1986	Errichtung des Nationalparks Wattenmeer
1989	Eröffnung des Nordseehauses in Greetsiel
1990	254 400 Übernachtungen in Greetsiel und Umgebung
7.9.1991	Inbetriebnahme von Siel und Schleuse Leyhörn, Öffnung des neuen Fahrwassers nach Greetsiel, Greetsiels Hafen ist tideunabhängig
1992	Im Hafen sind 28 Fischkutter, ein Muschelschiff und zwei Frachtschiffe beheimatet, außerdem werden Liegeplätze für 40 Sportboote angeboten
1992	Greetsiel hat 1 560 Einwohner

48